孔子学院总部/国家汉办
Confucius Institute Headquarters(Hanban)

好朋友 Friends 汉语分级读物 Chinese Graded Readers

For Kids and Teenagers

Level 6 六级

The Sea in the Morning

大海的早晨

孔子学院总部 / 国家汉办 编

北京语言大学出版社
BEIJING LANGUAGE AND CULTURE UNIVERSITY PRESS

图书在版编目（CIP）数据

大海的早晨 / 孔子学院总部 / 国家汉办编．—北京：北京语言大学出版社，2015.6
（好朋友：汉语分级读物．六级）
ISBN 978-7-5619-4187-4

Ⅰ. ①大… Ⅱ. ①孔… Ⅲ. ①汉语—对外汉语教学—语言读物 Ⅳ. ① H195.5

中国版本图书馆 CIP 数据核字（2015）第 127217 号

书　　名：大海的早晨
　　　　　DAHAI DE ZAOCHEN
责任印制：姜正周　　　　练习编写：倪佳倩
英文翻译：孙齐圣　　　　插图绘制：孙　屹

出版发行：北京语言大学出版社
社　　址：北京市海淀区学院路 15 号　　邮政编码：100083
网　　址：www.blcup.com
电　　话：发行部　82303650 / 3591 / 3651
　　　　　编辑部　82301016
　　　　　读者服务部　82303653
　　　　　网上订购电话　82303908
　　　　　客户服务信箱　service@blcup.com
印　　刷：保定市中画美凯印刷有限公司
经　　销：全国新华书店

版　　次：2015 年 6 月第 1 版　　2015 年 6 月第 1 次印刷
开　　本：710 毫米 × 1000 毫米　1/16　印张：4
字　　数：26 千字
书　　号：ISBN 978-7-5619-4187-4 / H · 15086
　　　　　03900

致读者
To Our Readers

亲爱的朋友：

你好！

“好朋友——汉语分级读物”是我们为广大汉语学习者奉上的一份礼物，在这里，你可以用汉语读到自己熟悉的文化，你可以根据自己的汉语水平选择难度级别合适的读物，你还可以随时随地听读这些故事，汉语学习在这里变得亲切、简单、有效。

多元文化：这套读物的原始素材主要来自国家汉办举办的首届“孔子学院杯”国际汉语教学写作大赛的获奖作品，我们挑选了来自40个国家的作品，当你读到自己熟悉的文化，是不是觉得更加亲切呢？除此之外，你还可以用汉语了解其他39个国家的见闻，这是多么有意思的事情啊！

分级阅读：这套读物共6个级别，语言难度和词汇量分别对应新汉语水平考试（新HSK）1–6级。你可以根据自己的汉语水平选择难度级别合适的读物。

随时听读：这套读物配有录音MP3和可供免费下载的音频文件，让你有效利用碎片时间，随时随地听读有趣的故事，让阅读的乐趣无处不在。

感谢孔子学院总部暨国家汉办的大力支持和帮助，使得这套读物顺利出版。

编者

Dear friends,

Friends—Chinese Graded Readers is a gift for Chinese learners, where you can read familiar culture in Chinese, choose the appropriate reading materials of different levels according to your language proficiency, and listen to and read these stories anytime and anywhere. In these books, learning Chinese becomes habitual, simple, and effective.

Multicultural: The raw materials of these readers mainly come from the award-winning works in the First "Confucius Institute Cup" International Chinese Language Teaching and Writing Contest held by Hanban. Works from 40 countries are included in these books. Won't you have a more cordial feeling when reading about the culture you are familiar with? In addition, you can read about the experiences in 39 other countries in Chinese, which will also be a fun learning experience.

Graded Reading: The series of readers consists of six levels with their grammar and vocabulary corresponding to Levels 1–6 in the New HSK Syllabus. You can choose books of a certain degree of difficulty according to your own level of Chinese proficiency.

Listen and Read Anytime: Each reader comes along with an MP3 CD as well as online audio files for free downloading, enabling readers to make use of fragments of time to listen to and read interesting stories, thus making the fun of reading everywhere.

We hereby would like to extend our gratitude to the Confucius Institute Headquarters (Hanban) for the great support and help we are given to successfully publish this series of readers.

The Compilers

语法术语缩略形式表
Abbreviations for Grammatical Terms

英文缩写 Abbreviations	英文全称 Grammatical Terms in English	中文名称 Grammatical Terms in Chinese
n.	noun	名词
p. n.	proper noun	专有名词
v.	verb	动词
adj.	adjective	形容词
num.	numeral	数词
m.	measure word	量词
pron.	pronoun	代词
adv.	adverb	副词
prep.	preposition	介词
conj.	conjunction	连词
part.	particle	助词
int.	interjection	叹词
ono.	onomatopoeic word	拟声词

目录
Contents

大海的早晨
The Sea in the Morning............... 2

母亲
Mother............... 6

看中医
Seeing a Doctor of Traditional Chinese Medicine............... 12

有趣的汉语惯用语
Interesting Chinese Idioms............... 17

舞龙
Dragon Dance............... 23

我和竹子
Bamboo and I............... 27

动物园
Zoo............... 33

武士
Warriors............... 39

听，团圆饭的声音
Listening to the Sound of Reunion Dinner............... 44

我的中国梦
My China Dream............... 50

大海的早晨

The Sea in the Morning

陈桂钻　柬埔寨王家学院孔子学院

"我"为什么很早起床？
Why did "I" get up quite early?

01

今年暑假，我到海边旅行。每天我都会光着脚走在沙滩上，让海水吻着我的脚。每当这个时候我都会觉得天那么蓝，阳光那么温暖，一切都那么美。

为了看日出，我常常天还没有亮就起床了。那时，周围很安静，只能听见船发动的声音。太阳就像一个红色的圆点，越来越亮，越来越亮，慢慢地出来了。不一会儿，天更亮了，人也慢慢多起来了——渔民们准备出海了，游客[1]们在沙滩上慢跑。

我也光着脚，走在沙滩上，让海水吻着我的脚。

暑假快结束了，我已经深深爱上了这里。我在大海边流连忘返[2]，心里默默地念着："大海啊大海，我明年还要来这里，你还能这样温柔地吻着我的双脚吗？"

1. 游客 yóukè n. traveller

2. 流连忘返 liúlián-wàngfǎn to indulge in pleasures without stop

练习 Exercises

一、选出正确答案。Choose the right answer.

今年暑假，“我”到海边__1__。每天“我”都会__2__着脚走在沙滩上，让海水__3__着“我”的脚。每当这个时候，“我”都会觉得天那么蓝，阳光那么__4__，__5__都那么美。

1. A. 旅行　B. 放假　C. 散步　D. 暑假
2. A. 脱　B. 穿　C. 光　D. 亮
3. A. 吻　B. 打　C. 拿　D. 亲
4. A. 光明　B. 暖和　C. 温和　D. 温暖
5. A. 所有　B. 一切　C. 景色　D. 风景

二、选出正确答案。Choose the right answer.

1. 在海边“我”每天都会做什么？（　　）
   A. 早起　B. 在沙滩上散步
   C. 看日出　D. 跑步
2. “我”为什么很早起床？（　　）
   A. 为了看沙滩　B. 为了锻炼
   C. 为了看日出　D. 为了出海
3. “红色的圆点”是什么？（　　）
   A. 太阳　B. 渔民　C. 游客　D. 鱼

4. 下面哪项说法不正确？（　　）

A. “我”常常早起

B. 海边经常阴天

C. 天亮了渔民们准备出发了

D. 天亮了游客们开始慢跑了

5. 明年“我”最有可能去哪儿旅行？（　　）

A. 草原　　B. 海边　　C. 山里　　D. 农村

三、说说你们小区的人们早晨都做什么。

Talk about what people in your neighborhood do in the morning.

母亲

Mother

明月　泰国彭世洛醒民公立学校孔子课堂

母亲经常帮邻居和朋友做什么？
What does "my" mother often do for her neighbors and friends?

02

人们常说父母是孩子的第一任[1]老师，是啊，这话说得一点儿也不假。母亲不仅给了我生命，教会我走路、说话，更重要

1. 任　rèn　m.
a quantifier

的是母亲教给了我做人的道理。

记得一个夏天，天气炎热，母亲给我一元钱去买冰激凌。我买了冰激凌，可是卖冰激凌的阿姨又找给我一元钱。我先是一愣，但又马上镇定了下来——大概是阿姨把一元看成两元了。我以为自己占了便宜，飞也似的跑回家，然后得意地把事情的经过说给母亲听。母亲的脸一下子沉了下来，严肃地批评了我："不要想着占别人的便宜。"接着母亲带着我去向卖冰激凌的阿姨说明了原因。

在我的记忆里，母亲总是忙忙碌碌，总有干不完的活。可是再忙，她也会关心我的学习。记得小时候母亲总是手把手教我写字，给我讲故事，教我数学题。

母亲不但辛勤地操持[2]着我们这个家，还经常帮助别人，她和邻居、朋友的关系都非常好。母亲常为失明[3]的邻居做家务、买药、送饭，也常替出差的朋友看管[4]小孩。可当别人感谢她时，母亲只是淡淡地一笑。

2. 操持 cāochí v. to handle

3. 失明 shīmíng v. to lose one's sight, to go blind

4. 看管 kānguǎn v. to take care of

母亲是一个平凡的人，她给我的爱却是伟大的、无私[5]的，她为了儿女甘愿[6]牺牲自己的一切。母亲不再年轻了，母亲的头上有了白发，脸上有了皱纹。可她的脚步依然坚定有力，双目依然炯炯有神[7]，对生活充满了希望。

5. 无私 wúsī adj. selfless

6. 甘愿 gānyuàn v. to be willing to

7. 炯炯有神 jiǒngjiǒng-yǒushén with bright piercing eyes

练习 Exercises

一、选出正确答案。Choose the right answer.

在"我"的__1__里，母亲总是__2__，总有干不完的活。可是再忙，她也会__3__"我"的学习。__4__小时候母亲总是手__5__手教"我"写字，给"我"讲故事，教"我"数学题。

1. A. 回忆　B. 传记　C. 日记　D. 记忆
2. A. 匆匆忙忙　B. 忙忙碌碌
   C. 急急忙忙　D. 连连忙忙
3. A. 关注　B. 关爱　C. 关心　D. 上心
4. A. 记得　B. 获得　C. 记忆　D. 值得
5. A. 和　B. 拉　C. 拿　D. 把

二、选出正确答案。Choose the right answer.

1. 下面哪项不是母亲教"我"的事情？（　　）
   A. 写字　B. 汉语
   C. 做人的道理　D. 有爱心
2. 阿姨为什么又找"我"一元钱？（　　）
   A. 冰激凌便宜了　B. 阿姨送"我"的
   C. 阿姨看错了　D. 冰激凌不要钱

3. 阿姨多找“我”钱的时候，母亲怎么教育“我”？（　　）

A. 不能占便宜　　B. 应该好好学习

C. 应该帮助别人　　D. 对生活要有希望

4. 下面哪项不是母亲帮邻居做的事情？（　　）

A. 看孩子　　B. 做家务

C. 买药　　D. 送饭

5. 关于母亲下面哪项正确？（　　）

A. 很无私　　B. 眼睛不好

C. 没有一丝白发　　D. 很年轻

三、说说你和你的母亲。

Talk about you and your mother.

看中医[1]

Seeing a Doctor of Traditional Chinese Medicine

古珊娜　美国佐治亚州立大学孔子学院

"我"希望妈妈带"我"做什么？
What do "I" hope "my" mum takes "me" to do?

03

今年二月，我和我的同学一起到中医院参观。

我一进医院就感到很亲切，中医笑着给老师把脉[2]，还说我们的老师肾脏[3]不好。我不知道他是怎么知道的，因为他没用听诊器[4]，也没用其他工具。然后他

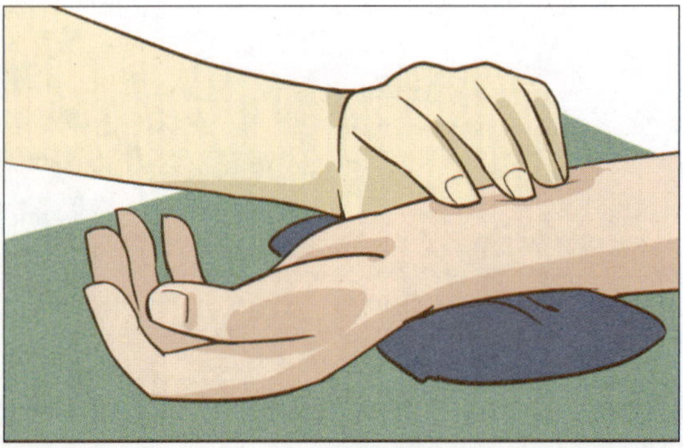

1. 中医 zhōngyī n. doctor of traditional Chinese medicine
2. 把脉 bǎmài v. to take sb.'s pulse
3. 肾脏 shènzàng n. kidney
4. 听诊器 tīngzhěnqì n. stethoscope

开始给我们老师针灸[5]。针灸的针很长很尖，看起来很可怕！医生把针扎在老师的头上，扎得很深。接着医生给老师做了推拿[6]，又拔了罐子[7]。这些看起来都很疼，但是老师却说实际上并没有看起来那么疼。

最后医生给我们老师开了中药，中药[8]闻起来很酸、很苦，都是一些植物，和我平常看见的药一点儿也不一样。医生说吃了这些药，我们老师的肾脏会慢慢好起来，睡觉也会更加踏实。

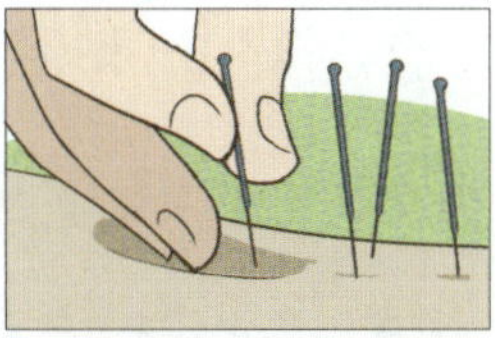

5. 针灸 zhēnjiǔ n. acupuncture and moxibustion

6. 推拿 tuīná v. to massage

7. 拔罐子 bá guànzi cupping therapy

8. 中药 zhōngyào n. traditional Chinese medicine

我觉得中医很好玩，如果有机会，我希望妈妈能带我去看中医，也试试针灸、推拿、拔罐子，最好能治好我的过敏。

练习 Exercises

一、选出正确答案。Choose the right answer.

今年二月，我们一起到中医院＿1＿。针灸的针很长很尖，看起来很＿2＿，“我”觉得针灸一定很＿3＿，但是老师说＿4＿并没有看起来那么疼。“我”觉得中医很好玩，“我”希望＿5＿有机会，妈妈也带“我”去看中医。

1. A. 参观	B. 观察	C. 观看	D. 看望
2. A. 可爱	B. 可怕	C. 可怜	D. 可惜
3. A. 疼痛	B. 恶心	C. 舒服	D. 疼
4. A. 真实	B. 实际上	C. 事实	D. 确实
5. A. 如果	B. 一定	C. 肯定	D. 未来

二、选出正确答案。Choose the right answer.

1. “我”为什么去中医院？（　　）

A. “我”病了　　B. “我”同学病了

C. “我”老师病了　　D. 去参观

2. 中医是怎么知道老师的肾脏不好的？（　　）

A. 通过把脉　　B. 通过针灸

C. 通过推拿　　D. 通过拔罐子

3. 下面哪项不是“我”觉得针灸会很疼的原因？（　　）

A. “我”针灸过　　B. 针很长

C. 针很尖　　D. 扎得很深

4. 关于中医给老师看病的过程下面哪项正确？（　　）

A. 把脉　针灸　推拿　拔罐子

B. 针灸　推拿　把脉　拔罐子

C. 推拿　把脉　拔罐子　针灸

D. 推拿　拔罐子　把脉　针灸

5. 下面哪项不是中药的特点？（　　）

A. 是植物的　　B. 很酸

C. 很苦　　D. 和平常的药一样

三、介绍一次你看病的经历。

Introduce your experience of seeing a doctor.

有趣的汉语惯用语[1]

Interesting Chinese Idioms

Egorova Anastasia　俄罗斯远东联邦大学孔子学院

"吃醋"是什么意思？
What's the meaning of chicu?

04

我学汉语已经八年了，但我觉得汉语还是很神秘。

我认识很多汉字，但是两个我熟悉的汉字放在一起，我就不知道是什么意思了，比如"吃醋"。我第一次看到这个词的时候，以为意思是吃饺子的时候要蘸[2]醋，后来才知道，"吃醋"还有嫉妒的意思。

汉语太神奇了！

还有一次，我去我的中国老师家上课，但是我没有做家庭作

1. 惯用语 guànyòngyǔ n. idiom

2. 蘸 zhàn v. to dip in (ink, sauce, etc.)

业。因为我心里有鬼，所以就开始夸我的老师："您今天真漂亮。"老师笑了，对我说："你在拍我的马屁吧？你是不是做了什么坏事？"我说："什么？马在哪儿？屁在哪儿？"老师哈哈大笑，然后告诉我"拍马屁"是有意[3]讨好别人的意思。汉语真有意思！为什么不是拍羊屁、猪屁？或者是狗屁呢？

从那以后我开始努力学汉语惯用语。其实在俄语[4]里也有这样的惯用语，你知道"往你的耳朵上挂面条"是什么意思吗？不知道吧？意思是把你给骗了。还有"真理藏在葡萄酒中"，意思是用酒把人灌[5]醉，他就会对你

3. 有意 yǒuyì adv. purposely

4. 俄语 Éyǔ p. n. Russian

5. 灌 guàn v. to fill, to pour in

说出真心话[6]。

其实大多数惯用语，仔细想想还是挺有道理的。比如“走后门”，开始的时候我还以为意思是从房子的后面进来，后来查了工具书才知道，意思是通过不正当的手段达到自己的目的。又比

6. 真心话 zhēnxīn huà the truth

如“开夜车”是指工作或学习一直到深夜，还有“吃闲饭”是比喻无所事事[7]、没有事情做。

我越来越喜欢汉语惯用语，惯用语的学习不能“三天打鱼，两天晒网[8]”，要动脑筋，才能从汉语“门外汉[9]”变成汉语通。

7. 无所事事
wúsuǒshìshì
to have nothing to do

8. 三天打鱼，两天晒网
sān tiān dǎ yú, liǎng tiān shài wǎng
to go fishing for three days and dry the nets for two, to lack perseverance

9. 门外汉 ménwàihàn
n. layman

练习 Exercises

一、选出正确答案。Choose the right answer.

其实大多数惯用语，__1__想想还是挺有__2__的。比如“走后门”的意思是通过不__3__的__4__达到自己的目的；又比如“开夜车”是指工作或学习一直到深夜；还有“吃闲饭”是__5__无所事事、没有事情做。

1. A. 细细　B. 仔细　C. 深沉　D. 随意
2. A. 趣味　B. 条理　C. 原理　D. 道理
3. A. 仁慈　B. 正常　C. 舒畅　D. 正当
4. A. 手艺　B. 手段　C. 手势　D. 手法
5. A. 比喻　B. 预报　C. 比如　D. 寓言

二、选出正确答案。Choose the right answer.

1. “我”学习汉语多长时间了？（　　）
   A. 八个月了　B. 八年了
   C. 四个学期了　D. 四年了
2. “我”为什么心里有鬼？（　　）
   A. 没写作业
   B. 不喜欢“我”的老师
   C. “我”害怕老师
   D. “我”不喜欢学汉语

3.“拍马屁”是什么意思？（　　）

A. 说出真心话　　B. 欺骗

C. 养马　　D. 讨好别人

4.“往你的耳朵上挂面条”是什么意思？（　　）

A. 吃面条　　B. 听力不好

C. 欺骗你　　D. 没有事情做

5. 关于惯用语下面哪项说法正确？（　　）

A. 只有汉语有惯用语

B.“我”觉得惯用语很神奇

C. 俄语里没有惯用语

D. 惯用语都是两个字

三、说说你知道的惯用语。

Talk about the Chinese idioms you know.

舞龙

Dragon Dance

夏乐华（James Ha） 澳大利亚翩丽艾森顿文法学校孔子课堂

"新龙"有多长？
How long is the "new dragon"?

05

小时候，我和家人每年都会去班迪哥[1]旅游，在那里，我们度过了许多快乐的时光。

班迪哥是一个拥有浓郁[2]中国文化气息[3]的地区，每年当地华人[4]都会组织很多活动。我最喜欢的是舞龙表演。那里有一条叫"新龙"的长龙，它有一百多米长，要五十个人才抬得动，它动起来的时候别提多壮观了！而且每当小孩子靠近新龙时，舞龙的人就会向天空中撒[5]好多好多糖！

1. 班迪哥 Bāndígē p.n. Bendigo, a city in Australia
2. 浓郁 nóngyù adj. rich, strong
3. 气息 qìxī n. flavor
4. 华人 huárén n. foreign citizens of Chinese origin or descent
5. 撒 sǎ v. to scatter

所以妈妈经常笑我说："你根本不是想看龙，是想去吃糖！"那条历史悠久的长龙，那些五彩缤纷[6]的画面[7]，还有那里热闹的场景[8]都激发了我对中国文化的兴趣。

现在，越来越多的人开始欣赏中国文化，我也被它独特的魅力所吸引，所以三年前我开始学习中国竹笛[9]，希望有机会能为大家表演，能让大家从我的表演中感受中国文化的魅力。

6. 五彩缤纷 wǔcǎi-bīnfēn colorful

7. 画面 huàmiàn n. picture

8. 场景 chǎngjǐng n. scene

9. 竹笛 zhúdí n. bamboo flute

练习 Exercises

一、选出正确答案。Choose the right answer.

小时候，“我”和家人经常__1__去班迪哥旅游，我们__2__了许多快乐的时光。班迪哥是一个__3__浓郁中国文化气息的地区，每年当地华人都会__4__舞龙表演，那里有一条叫“新龙”的长龙，它动起来的时候很__5__。

1. A. 决定	B. 准备	C. 一起	D. 打算
2. A. 经过	B. 经历	C. 创造	D. 度过
3. A. 拥有	B. 拥护	C. 有	D. 所有
4. A. 举办	B. 办理	C. 扮演	D. 组织
5. A. 壮丽	B. 壮烈	C. 宏观	D. 壮观

二、选出正确答案。Choose the right answer.

1.“我”最喜欢什么表演？（　　）

A. 舞狮表演　　B. 舞蹈表演

C. 舞龙表演　　D. 撒糖果表演

2. 关于“新龙”下面哪项不正确？（　　）

A. 五百多米长　　B. 很沉

C. 五十个人才能抬动　　D. 很好看

3. 当小孩子靠近新龙的时候，舞龙人会做什么？（　　）

A. 把小孩子赶走　　B. 撒糖

C. 和小孩子一起玩　　D. 教小孩子舞龙

4. 妈妈说“我”不是喜欢舞龙，而是喜欢什么？（　　）

A. 吃糖　　B. 武术

C. 中国文化　　D. 动物

5.“我”学习中国竹笛多长时间了？（　　）

A. 三个月　　B. 一年了

C. 三年了　　D. 十年了

三、说说你印象深刻的一次表演。
Talk about a performance that impressed you a lot.

我和竹子

Bamboo and I

Benjamin Eisenberg 美国马萨诸塞州大学（波士顿）孔子学院

"我"喜欢竹子的什么品质？
What quality of bamboo do "I" like?

06

我爸爸三十多年前去过中国，他很喜欢中国，于是学中文就成了我们家的传统。为了保留这个传统，父母给我们请了一个中国老师，她在我和我的哥哥、妹妹的心里，种出了一个美丽的中国文化的大花园。我对中国文化、艺术和美的追求，就是从那时开始的。

后来，我的爸爸、妈妈给我买了一盆竹子，从那时起，我就爱上了竹子。

我画竹子，我把家里所有可能的地方都挂上了竹子的画。我喜欢竹子的生长方式。他们不炫耀，不夸张，他们的美在于谦虚。他们的茎笔直[1]，虽然不开花，可是他们的叶子有着独特的美。因此中国有很多赞美竹子的诗。

渐渐地我认识到竹子吸引我的不只是外表的美，更重要的是他的品质——正直[2]、坚强、朴素。竹子成了我心中中国的象征。学习中文以后，我又知道了竹叶的样子还是汉字的一个部首[3]，这个部首造了不少跟竹子有关[4]的汉字，比如“笔”“篮”“笛”和“笑”。我最喜欢的是“笑”字，古

1. 笔直 bǐzhí adj. perfectly straight
2. 正直 zhèngzhí adj. upright
3. 部首 bùshǒu n. radical
4. 有关 yǒuguān v. to be relative to

代的中国字用几片竹叶画出了一双笑眼。我一看见"笑"就笑了。

我喜欢观察事物的变化和成长。我发现竹子、中国和我有一个相同的地方，那就是迅速成长。这三十多年来，中国的产品走遍世界，成长为今天的大国。我自己也从一个只会说"一、二、三"的孩子成长为今天讲着流利汉语的青年[5]。我和中国都像竹子一样。

几年前，我们全家去了中国桂林[6]。在青山绿水[7]间，我忽然看见千万棵竹子挺拔着，我就像见到了多年没见的老朋友。多年来我对中国的爱瞬间涌[8]出，我爱她的山水，爱她的文化与艺

5. 青年 qīngnián n. young people

6. 桂林 Guìlín p.n. Guilin, name of a place

7. 青山绿水 qīngshān-lǜshuǐ green hills and blue waters

8. 涌 yǒng v. to gush

术，爱她的自强不息[9]。我让爸爸给我照了张相，照片上的我微笑着，竹子在我身后随风舞蹈。我把这张照片放在我的书桌上，在照片的背面[10]，我写着“我和竹子”。

9. 自强不息 zìqiáng-bùxī to exert oneself constantly

10. 背面 bèimiàn n. back

练习 Exercises

一、选出正确答案。Choose the right answer.

“我”把家里所有可能的地方都___1___上了竹子的画。“我”喜欢竹子的生长___2___，他们不___3___，不夸张，他们的美___4___谦虚。他们的茎笔直，叶子有着___5___的美。

1. A. 粘	B. 挂	C. 摘	D. 占
2. A. 方法	B. 状态	C. 方式	D. 原则
3. A. 炫耀	B. 喧哗	C. 耀眼	D. 夸奖
4. A. 表现	B. 显示	C. 在乎	D. 在于
5. A. 独特	B. 独立	C. 得天独厚	D. 家喻户晓

二、选出正确答案。Choose the right answer.

1. “我”父母为什么请了一个中国老师？（ ）
   A. 爸爸想去中国
   B. “我”喜欢中国
   C. 是我们家学中文的传统
   D. 我们家要建花园

2.“我”什么时候喜欢上的竹子？（　　）

A. 学中文后

B. 见到中国老师后

C. 父母给“我”买了一盆竹子后

D.“我”学习画竹子以后

3. 下面哪项不是“我”喜欢竹子的原因？（　　）

A. 不炫耀　B. 不夸张　C. 很谦虚　D. 不开花

4. 下面哪项不是竹子的品质？（　　）

A. 正直　B. 坚强　C. 朴素　D. 炫耀

5. 为什么说“我”像中国一样？（　　）

A. 成长都很迅速　B. 都不夸张

C. 都有独特的美　D. 都很炫耀

三、说说你喜爱的植物。
Talk about the plants you love.

动物园

Zoo

爱欣　泰国明满学校孔子课堂

"我"为什么生猴子的气？
Why was "I" angry with the monkey?

07

我上小学[1]四年级的时候，我们学校组织了一次活动——全校师生一起去参观动物园。我一直很喜欢动物，家里也养了很多小猫和小狗，听到要去动物园，我兴奋得好几天都没睡好觉。终于等到了星期六，我们全校师生一起坐着公共汽车来到了动物园。

动物园里有很多动物。我们先看到的是大猩猩[2]。大猩猩和人长得很像，身体很强壮[3]。它

1. 小学 xiǎoxué n. elementary school

2. 大猩猩 dàxīngxing n. gorilla

3. 强壮 qiángzhuàng adj. strong

的胃口可真大，给它吃东西，转眼[4]就吃完了。大猩猩也很滑稽[5]，我们拍手它也拍手，我们大喊它也大喊，非常有趣。

我一边走一边吃着面包，突然我手里的面包不见了，我吓了一跳，回头一看，原来是一只猴子趁我不注意抢走了我的面包。在那只猴子的旁边还有好几只猴子，它们的手里也都拿着从别人

4. 转眼 zhuǎnyǎn v. in the twinkling of an eye .

5. 滑稽 huájī adj. funny

那里抢到的食物。看到这儿，我很生气，马上跑过去追猴子。可那只猴子一点儿都不害怕，一边跑一边回头对我做鬼脸[6]，好像在对我说："你来追我呀，你来追我呀！"它跑得很快，不一会儿就爬到了树上。

又走了一会儿，我们看到了一群人，走过去一看，原来是一只长颈鹿[7]在生长颈鹿宝宝。小鹿的腿先出来了，这是很危险的。长颈鹿妈妈不停地走着，大概过了半个小时，"哗[8]"的一声，小鹿终于生下来了。大家都松了一口气。看来[9]，不管是人还是动物，母亲都是最伟大的。

参观结束后，老师告诉我

6. 鬼脸 guǐliǎn n. grimace

7. 长颈鹿 chángjǐnglù n. giraffe

8. 哗 huā ono. rattle

9. 看来 kànlái v. to seem

们：这里的动物来自世界各地，动物和人一样，都是地球的一部分，都不可缺少，人类要善待[10]动物。我想，善待动物也就是善待人类自己。

10. 善待 shàndài
v. to treat well

练习 Exercises

一、选出正确答案。Choose the right answer.

突然"我"手里的面包不见了，"我"__1__了一跳。原来是一只猴子__2__"我"不__3__抢了"我"的面包。"我"__4__跑过去追猴子，可那只猴子一点儿都不__5__。

1. A. 吃惊　B. 害怕　C. 吓　D. 怕
2. A. 想　B. 趁　C. 在　D. 当
3. A. 重视　B. 关心　C. 注意　D. 当心
4. A. 马上　B. 转眼　C. 顿时　D. 瞬间
5. A. 恐吓　B. 担心　C. 吃惊　D. 害怕

二、选出正确答案。Choose the right answer.

1. "我"为什么听到要去动物园很兴奋？（　　）
   A. 不喜欢动物　B. 想去看小猫、小狗
   C. 害怕动物　D. 很喜欢动物
2. "我"的面包为什么忽然不见了？（　　）
   A. 喂大猩猩了　B. 被大猩猩抢走了
   C. 喂猴子了　D. 被猴子抢走了

3. 到了动物园，我们最先看到了什么？（　　）

A. 小狗　　B. 大猩猩　　C. 猴子　　D. 长颈鹿

4. 下面哪种动物文中没有提到？（　　）

A. 羊　　B. 大猩猩　　C. 猴子　　D. 长颈鹿

5. 为什么善待动物就是善待人类自己？（　　）

A. 动物可以保护人类

B. 动物来自世界各地

C. 动物和人类都是地球的一部分

D. 动物很可爱

三、说说你觉得人类应该怎么保护动物。

Talk about how people should protect animals in your opinion.

武士[1]

Warriors

Edward Columbia（孔亚华） 美国马萨诸塞州大学（波士顿）孔子学院

文中描述的是哪部电影的情节？
Which movie does the plot described in the article come from?

08

两位武士在院子[2]中间。他们的双眼紧盯着对手，身体像石头一样一动不动。黑武士手拿长枪[3]，枪头用黑布包着。白武士手拿长剑，剑还在鞘[4]里。院子里下棋的人都丢下棋子[5]往外跑，因为他们知道这将会是一场恶战[6]。不一会儿，院子空了，只剩下这两位武士和一位弹琴的老者[7]。

黑武士说："老者，请为我们奏一曲。"

这时候下起了小雨，老者轻

1. 武士 wǔshì n. warrior
2. 院子 yuànzi n. yard
3. 长枪 chángqiāng n. spear
4. 鞘 qiào n. sheath
5. 棋子 qízǐ n. chess piece
6. 恶战 èzhàn n. fierce battle
7. 老者 lǎozhě n. old man

轻弹了起来。两位武士都闭着眼睛一动不动地听着。他们想象着怎么打败对手，怎么保护自己。伴随着琴声，他们想象着自己的武器穿过雨点，枪剑相互碰撞[8]，刺向对方。

突然，弦断了，琴停了。两位武士同时拿出了武器。老者慢慢站了起来，走出了院子。黑武士睁开眼睛，飞身[9]用长枪刺向对方。白武士盯着飞来的对手，在对方的长枪刺向自己的一刻拔出了剑。枪剑相加……

这是电影《英雄》里的一段，也是我最喜欢看的一段。

我打网球。每次跟对手打球的时候我都会想起那两位武士。我

8. 碰撞 pèngzhuàng v. to crash, to collide

9. 飞身 fēishēn v. to leap

闭上眼睛，听到了自己的心跳[10]，我计划着我的战术，计划着我的进攻和防守，计划着我的每一个球。我看到对手吃力地接球，看到他乱了脚步，看到他失去了平衡，看到我赢了他的最后一个球。

我睁开眼睛，我的身体热了起来。我觉得自己像一条河，随时都能喷涌[11]而出。

比赛开始了，我们战斗着……

10. 心跳 xīntiào v. heartbeat

11. 喷涌 pēnyǒng v. to gush out

练习 Exercises

一、选出正确答案。Choose the right answer.

两位武士都闭着眼睛一动不动地听着。__1__着琴声，他们想象着怎么__2__对手，怎么__3__自己。终于他们拿出武器，黑武士__4__开眼睛，用长枪刺向__5__。

1. A. 伴随　B. 陪伴　C. 跟随　D. 陪
2. A. 打败　B. 打胜　C. 胜利　D. 失败
3. A. 保护　B. 保守　C. 保卫　D. 保重
4. A. 打　B. 放　C. 张　D. 睁
5. A. 对方　B. 其他　C. 他人　D. 别人

二、选出正确答案。Choose the right answer.

1. 关于两位武士的描写下面哪项正确？（　　）
   A. 黑武士手拿长枪　B. 白武士手拿短剑
   C. 枪头用白布包着　D. 剑用黑布包着
2. 为什么不一会儿院子就空了？（　　）
   A. 因为有两位武士
   B. 因为两位武士一动不动
   C. 因为两位武士都拿着长枪
   D. 因为知道这里会有场恶战

3. 下面哪项不是两位武士伴随着琴声想象的事情？（　　）

A. 怎么打败对手

B. 怎么保护自己

C. 自己的武器怎么刺向对方

D. 怎么逃跑

4. 下面哪项不是在打网球时，“我”闭上眼睛计划的事情？（　　）

A. 自己的战术　　B. 怎么刺向对方

C. 自己的进攻　　D. 自己的防守

5. 下面哪项说法正确？（　　）

A. “我”能听到对手的心跳

B. “我”打网球

C. 武士功夫不是很高强

D. 武士在打网球

三、介绍你喜欢的一部电影或一本书。

Introduce a movie or a book you like.

听，团圆饭的声音

Listening to the Sound of Reunion Dinner

袁嘉乐　澳大利亚紫薇高中孔子课堂

家

除夕的时候，“我”为什么一个人在家里读书？
Why did “I” read alone at home on New Year’s Eve?

09

忙碌的学生生活让我疲惫不堪。今年的考试在春节[1]后的第二个星期，爸妈又在别的城市工作，所以在除夕一片欢乐的气氛中，我一个人在家里读书。

暮色[2]降临了，隔壁邻居明华是我的同学，但是他从来都不准备考试，向来懒惰的他在除夕当然是和他的家人吃团圆饭。

正在读书的我，本来享受着属于我一个人的安静，却被隔壁团圆饭的声音打扰得无法[3]忍

1. 春节 Chūnjié p. n. Spring Festival, Chinese New Year
2. 暮色 mùsè n. dusk
3. 无法 wúfǎ v. cannot

受。我听见明华和他的几个哥哥在家里大声喊着，接着从家里跑到了走廊上，边跑边笑，明华还向我家门上扔石头。我生气地冲到门外："你怎么这么幼稚啊！马上就要考试了，你一定会不及格的！"明华吐了吐舌头，嬉皮笑脸[4]地回答我："别生气啊！"接着，他又和他的哥哥们回家玩去了。

每分每秒，我都能听见明华家吃团圆饭的声音，说话声、笑声，甚至筷子碰在一起的声音、火锅沸腾的声音，都听得清清楚楚。

突然，我发现自己的家这么安静，安静得能听见每个角落发出的寂寞哀鸣[5]，安静得让

4. 嬉皮笑脸 xīpí-xiàoliǎn grinning cheekily

5. 哀鸣 āimíng v. to whine

我感觉到冷。而隔壁团圆饭的嘈杂、热闹仿佛在我身上盖上了被子，给我冰冷[6]的双手戴上了手套，让我顿时觉得暖和起来。明华的家里充满了家庭欢聚[7]的声音、对新年乐观向往的声音，在我脑海[8]里组成一首欢快[9]的曲子，久久不能散去。

其实我错了。明华并不幼稚，他懂得[10]珍惜与家人在一起

6. 冰冷 bīnglěng adj. ice-cold

7. 欢聚 huānjù v. to happily reunite

8. 脑海 nǎohǎi n. mind

9. 欢快 huānkuài adj. happy, cheerful

10. 懂得 dǒngde v. to understand

的时光。我才幼稚呢，只知道读书，放弃了和家人团聚[11]，现在只能羡慕地听着邻居家里团圆饭的声音。

我知道还有很多年轻人越来越少和家人吃团圆饭了，所以我想劝劝他们听听那些团圆饭的声音，别等到这些声音消失了，想找回来就晚了。

11. 团聚 tuánjù v. to reunite

练习 Exercises

一、选出正确答案。Choose the right answer.

__1__的学生生活让"我"疲惫不堪，爸妈又在别的城市工作，所以在除夕欢乐的__2__中，"我"一个人在家里读书。正在读书的"我"，本来__3__着属于"我"一个人的安静，__4__被隔壁团圆饭的声音__5__得无法忍受。

1. A. 繁华	B. 烦恼	C. 繁忙	D. 忙碌
2. A. 气氛	B. 空气	C. 气息	D. 呼吸
3. A. 享受	B. 感受	C. 体会	D. 感到
4. A. 却	B. 才	C. 又	D. 但
5. A. 打听	B. 打扰	C. 扰乱	D. 打乱

二、选出正确答案。Choose the right answer.

1. 今年的考试在什么时候？（　　）

A. 1 月 1 日　　B. 春节当天

C. 春节后第二个星期　　D. 春节前一个星期

2. "我"和谁一起过的春节？（　　）

A. 爸妈　　B. 明华

C. 明华和他的哥哥　　D. "我"自己

3. 下面哪项是“我”认为明华很幼稚的原因？（　　）

A. 明华不准备考试　　B. 明华朝“我”扔石头

C. 明华和家人吃团圆饭　　D. 明华对“我”大喊

4. 下面哪项文中没有提到？（　　）

A.“我”成绩很好　　B. 明华很少准备考试

C. 明华家吃的火锅　　D. 明华是“我”同学

5. 下面哪项说法正确？（　　）

A.“我”和爸妈一起过春节

B.“我”很喜欢一个人过年

C.“我”去明华家玩了

D.“我”懂得了要珍惜与家人在一起的时光

三、说说你的新年是如何度过的。
Talk about how you spend the New Year.

我的中国梦

My China Dream

Krista Young　美国马萨诸塞州大学（波士顿）孔子学院

"我"在天灯上写了什么？
What did "I" write on the sky lantern?

10

我从小就喜欢学别人说话，很小的时候英语[1]就说得很流利了，后来又学会了西班牙语[2]。我第一次听到汉语的"你好"，觉得跟西班牙语里的 hola 很像，特别好听，于是我开始学汉语。但是开始学了才知道，汉语不光是好听，也很难学。

比如英语里的"play ball"，汉语是"打球"，但英语里的"play soccer"，就不是"打足球"，而是"踢足球"，"play the piano"不是

1. 英语 Yīngyǔ　p. n. English

2. 西班牙语 Xībānyáyǔ　p. n. Spanish

"踢钢琴"，而是"弹钢琴"，"play the violin"不是"弹小提琴[3]"，而是"拉小提琴"，"play the flute"不是"拉笛子[4]"，而是"吹笛子"，"play computer games"不是"吹电脑游戏"，而是"玩电脑游戏"。

量词[5]就更难了。"我家有四口人，爸爸、妈妈、我和弟弟，我们住在一栋大楼里，我有一间很漂亮的房间，我有一只猫、一条狗、一张很舒服的床、一张桌子、一把椅子、一台电视、一套沙发、一架[6]钢琴，还有很多件衣服和一条又一条的裤子，一双双的鞋都在一个柜子[7]里。一支铅笔、一本书……"唉，把我搞得"一个头两个大[8]"。

3. 小提琴 xiǎotíqín n. violin

4. 笛子 dízi n. flute

5. 量词 liàngcí n. quantifier, measure word

6. 架 jià m. *a quantifier*

7. 柜子 guìzi n. cabinet

8. 一个头两个大 yí gè tóu liǎng gè dà to be deeply troubled

可是中文越是难学我就越是想学，觉得特别有趣。我爱中文，我爱看中文电影，爱听中文故事，爱唱中文歌，爱吃中国菜。连我的母亲都受到了我的影响。她知道中国讲究“风水[9]”，什么床头不可以摆镜子，房间里要有红色的沙发、红色的地毯，进门摆鱼缸[10]，门上挂镜子，等等。最后，她干脆开了一家中国礼品店[11]。

过年[12]的时候，我们去中国城[13]玩，人和人见面都说“过年好”。有一家小店的老板对我说，过几天就是元宵节，买个天灯[14]，把梦想写在天灯上，就可以梦想成真[15]！这真是太有意思了！我

9. 风水 fēngshuǐ n. *feng shui*, geomancy

10. 鱼缸 yúgāng n. fish tank

11. 礼品店 lǐpǐndiàn n. gift shop

12. 过年 guònián v. to spend the Chinese New Year

13. 中国城 zhōngguóchéng n. Chinatown

14. 天灯 tiāndēng n. sky lantern

15. 梦想成真 mèngxiǎng-chéngzhēn a dream comes true

立刻买了一个带回家，写上我的梦想：去中国！是的，我一定要去中国，将来我要做一个传播中美[16]文化的外交官[17]！

希望我的中国梦能够实现。

16. 美 Měi p. n. America

17. 外交官 wàijiāoguān n. diplomat

练习 Exercises

一、选出正确答案。Choose the right answer.

“我”有一__1__很漂亮的房间，“我”有一只猫、一__2__狗、一张很舒服的床、一张桌子、一__3__椅子、一台电视、一__4__沙发，还有很多件衣服和一条又一条的裤子，很多__5__的鞋都在一个柜子里。

1. A. 间	B. 把	C. 套	D. 件
2. A. 双	B. 个	C. 把	D. 条
3. A. 把	B. 条	C. 张	D. 间
4. A. 间	B. 双	C. 打	D. 套
5. A. 个	B. 张	C. 把	D. 双

二、选出正确答案。Choose the right answer.

1. 刚开始的时候“我”为什么要学习汉语？（　　）
   A. 喜欢学别人说话
   B. 学校的要求
   C. 汉语和西班牙语一样
   D. 汉语的“你好”特别好听

2. 文中的“一个头两个大”是什么意思？（　　）

A. 头很大

B. 很聪明

C. 学汉语遇到麻烦和困难

B. 头上有两个“大”字

3. 在中国风水里，最好不要做什么？（　　）

A. 床头挂镜子

B. 房间里放红色的沙发

C. 进门摆鱼缸

D. 房间里放红色的地毯

4.“我”为什么要买天灯？（　　）

A. 送给母亲

B. 放在母亲的店里

C. 春节的习俗

D. 可以实现愿望

5. 下面哪项不是“我”学汉语的感受？（　　）

A. 听起来好听　　B. 使用的人很多

C. 学起来很难　　D. 学起来有意思

三、说说你遇到过的最具挑战的事情。

Talk about the most challenging thing you have met.